Martin Luther und der Reformationstag – eine historische Reportage

Wittenberg am letzten Oktobertag 1517: Der Augustinermönch und Theologieprofessor Dr. Martin Luther veröffentlicht 95 Thesen. Darin kritisiert er das Heilsgeschäft seiner Kirche – der Beginn der Reformation. Sie hat den Glauben, die Kirche und die Politik in Europa verändert.

Ob Luther die Umwälzung voraussah, warum er überhaupt Mönch geworden war, wie er die Bibel ins Deutsche übertrug und wo er mit seiner Familie lebte – davon erzählt die historische Reportage auf den folgenden Seiten.

Die Reformation ist so eng mit Luther verbunden, dass sein Geburtstag und sein Todestag als „Reformationstage" gefeiert wurden. Im 17. Jahrhundert setzte sich aber der 31. Oktober durch. Die evangelische Kirche begeht ihn heute mit Gottesdiensten und Veranstaltungen. In den ostdeutschen Ländern ist der 31. Oktober gesetzlicher Feiertag.

D1661967

Reformationsjubiläum

500 Jahre Reformation – das feiert die evangelische Kirche im Jahr 2017. Eine „Luther-Dekade" führt seit 2008 auf das große Jubiläum hin.

FRIDERICVS · GVILELMVS · IV · REX · PORTAM ··· IN · QVA · MARTIN
M · OCTOBR · D · XXXI · INDVLGENTIIS · ROMANIS ··· IMPVGNANDIS ·
REFORMATIONIS · SACRORVM · PRAENVNTIAS ··· INCENDIO · VASTAT
VALVAS · EX · AERE · FIERI · ATQVE · ILLAS · THESES ··· INSCRIBI · IVSS

95 Thesen
machen
Weltgeschichte

S · A · DOM · MDXVII
TINIT · LXXXXV
SIGNIS · EXORNAVIT
· MDCCCLVII

*D*eutschland zu Anfang des 16. Jahrhunderts. Die katholische Kirche betreibt von Rom aus ein schwungvolles Geschäft: Sie verkauft Straferlass im Jenseits. Das kritisiert der Wittenberger Theologieprofessor Dr. Martin Luther. Am 31. Oktober 1517 veröffentlicht er 95 Thesen – damit beginnt die Reformation.

Martin Luther mit Doktorhut, gemalt von seinem Freund und Unterstützer Lucas Cranach d. Ä. (1520).

*E*in hagerer Mann mit schwarzer Kutte nähert sich der Schlosskirche in Wittenberg. Die Haare auf dem Kopf sind kreisrund geschoren – die Tonsur eines Mönchs. Am Portal entrollt er ein Papier. Kurze Hammerschläge sind zu hören, dann hängt das Blatt an der Kirchentür.

Der Mann in der Kutte hat keinen Grund, aufgeregt zu sein. Er ist Theologieprofessor, und die Kirchentür ist das Mitteilungsbrett seiner Universität. Nicht ungewöhnlich, dort einen Aushang anzubringen. Es ist ja auch kein Extrablatt für die Massen, sondern die Mitteilung für einen kleinen Kreis: 95 Thesen auf Latein, eine Vorlage für die Erörterung unter Gelehrten. Niemand ahnt an diesem Tag, dass diese Sätze die Welt verändern werden. Am wenigsten ihr Verfasser vor der Kirchentür: Dr. Martin Luther.

Die älteste Darstellung von „Doctor Martinus Lutter Augustiner Wittenb[erg]" stammt aus dem Jahr 1519.

Hat es sich so zugetragen, vor fünf Jahrhunderten in Wittenberg? An jenem 31. Oktober 1517, den wir heute als Reformationstag feiern? Um ehrlich zu sein: Man weiß es nicht genau. Aber wahrscheinlich ist es schon.

Beginn der Reformation

Ob die Thesen nun an der Schlosskirche zu lesen waren, ob sie auch an weiteren Kirchen der Stadt hingen – ihre Wirkung ging in jedem Fall weit über Wittenberg hinaus. Sicher ist: Luther verschickt sein Werk am 31. Oktober 1517 an den Erzbischof von Mainz und an den Bischof von Brandenburg. Die Thesen werden abgeschrieben und verbreiten sich dank der neuen Drucktechnik mit beweglichen Lettern schnell, in Deutschland, in Europa. Sie machen Weltgeschichte, sie sind der Beginn der Reformation.

Martin Luther steht mittendrin und kann nicht anders. Er befindet sich in einer Epoche des Umbruchs. Um mit dem eigenen Leben klarzukommen, hat er mit der Frage gerungen: Wie

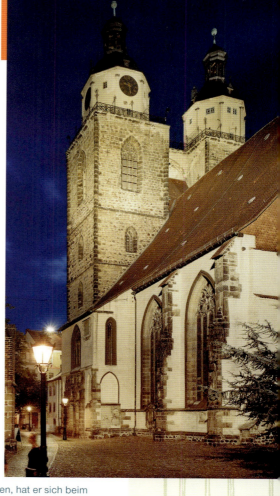

kann ich vor Gott bestehen? Verdiene ich seine
Gnade? In der Bibel hat er die Antwort entdeckt:
Die Gnade Gottes ist ein Geschenk, ich muss
nur glauben. Damit wird er den Papst heraus-
fordern und wider Willen eine neue Kirche
gründen.

Kassieren in Gottes Namen

Der Papst braucht Geld für den Neubau der Peters-
kirche in Rom. Deshalb kommt 1507 der Peters-
ablass heraus: Wer ihn erwirbt, soll vollkommenen
Straferlass erlangen und dem Fegefeuer entgehen.
Das ist mehr, als andere Ablässe versprechen.
Trotzdem verkaufen sich die Briefe schlecht.

Da kommt ein neuer Vertriebspartner ins Spiel:
Kurfürst Albrecht von Brandenburg. Er ist 1513 Erzbischof von Magdeburg geworden, ein Jahr später
auch Erzbischof von Mainz. Um seine Wahl zu finanzieren, hat er sich beim
Bankhaus Fugger verschuldet. Nun greift die römische Kurie Albrecht unter die
Arme: Er darf acht Jahre lang den Petersablass verkaufen. Eine Hälfte behält er,
um seine Schulden zu tilgen. Die andere Hälfte geht nach Rom. Luther kritisiert
das Ablasswesen in Vorlesungen und Predigten.

Im Februar 1517 rügt er ausdrücklich den Petersablass. Am 31. Oktober
desselben Jahres wird er einem Brief an Albrecht von Brandenburg die
95 Thesen beifügen.

Die Lutherrose verwendete Luther ab 1530 als Siegel. Sie ist ein „Merkzeichen" seiner Theologie. Das Kreuz im Mittelpunkt erinnert an Jesus Christus. Das Herz steht für den Glauben „von ganzem Herzen", die weiße Rose für Fröhlichkeit und Frieden, die im Glauben zu finden sind. Der blaue Hintergrund zeigt: Dies ist nur ein Anfang, ein Vorgeschmack auf die himmlische Freude bei Gott. Der goldene Ring schließlich ist das Zeichen für Gottes Ewigkeit: Sein Wort gilt auf Dauer. Der lateinische Schriftzug „vivit" deutet das Kreuzeszeichen: „Er, Jesus, lebt."

„Aus Liebe zur Wahrheit und im Verlangen, sie zu erhellen", so leitet Luther seine 95 Thesen ein. Dann entrollt er die Abrechnung mit dem Ablasshandel seiner Kirche. Denn dort boomt ein prächtiges Geschäft: Die Kirche verkauft Menschen Straferlass im Jenseits. Wer jetzt spendet, dem soll das Fegefeuer verkürzt werden, also die Zeit der Läuterung, bevor ein Verstorbener zu Gott gelangt. Einzahlen kann man nicht nur für sich selbst, sondern auch für Angehörige, die bereits tot sind – das erweitert den Markt enorm.

Wenn das Geld im Kasten klingt …

Für das Heilsgeschäft sind Ablassprediger unterwegs. Männer wie der Dominikanermönch Johannes Tetzel schildern das Fegefeuer drastisch und drängen die gläubigen Zuhörer zum Erwerb eines Ablassbriefes – mit dem Segen des Papstes. Später reimt man: „Sobald das Geld im Kasten klingt, die Seele in den Himmel springt." Finanziell ist der Ablasshandel ein Erfolg für die Kirche. Geistlich ist er ein Armutszeugnis. Luther nimmt den schwungvollen Handel gnadenlos auseinander. In der ersten These schreibt er: „Als unser Herr und Meister Jesus Christus sagte: ‚Tut Buße, denn das Himmelreich ist nahe herbeigekommen', wollte er, dass das ganze Leben der Glaubenden Buße sei." Er fordert von den Gläubigen Demut, keine Berechnung, wie man sich in Abständen von Sünden loskauft. In der 36. These heißt es: „Jeder wahrhaft reumütige Christ erlangt vollkommenen Erlass von Strafe und Schuld, der ihm auch ohne Ablassbriefe zukommt."

Luther streitet in seinen Thesen nur gegen die Auswüchse, den Missbrauch des Ablasshandels. Er will ihn nicht verbieten, nur die Bedeutung zurechtrücken: Der Ablass soll nicht den Blick aufs Evangelium versperren. Dabei hält Luther den Papst – noch – von Vorwürfen frei. Für Irreführung, Erpressung, Habgier und Betrug seien seine Gehilfen verantwortlich, wie es in der 50. These heißt: „Wenn der Papst das Geldeintreiben der Ablassprediger kennte, wäre

es ihm lieber, dass die Basilika des Heiligen Petrus in Schutt und Asche sinkt als dass sie erbaut wird aus Haut, Fleisch und Knochen seiner Schafe."

Und von Reformation oder gar einer neuen Kirche ist überhaupt in keiner These die Rede. Der Reformator Martin Luther ist am 31. Oktober 1517 Kind seiner Kirche. Noch.

An der Schlosskirche in Wittenberg sollen Luthers Thesen angeschlagen worden sein. Die Bronzetür mit dem lateinischen Text stammt aus dem Jahr 1858. Das Gemälde zeigt Luther und seinen Mitreformator Philipp Melanchthon kniend unter dem Kreuz Jesu.

Aus den 95 Thesen

28. These
Fällt die Münze klingelnd in den Kasten, können Gewinn und Habgier zunehmen. Die Fürbitte der Kirche aber liegt allein in Gottes Ermessen.

43. These
Man muss die Christen lehren: Wer einem Armen gibt oder einem Bedürftigen leiht, handelt besser, als wenn er Ablässe kaufte.

62. These
Der wahre Schatz der Kirche ist das heilige Evangelium der Herrlichkeit und Gnade Gottes.

94. These
Man muss die Christen ermutigen, darauf bedacht zu sein, dass sie ihrem Haupt Christus durch Leiden, Tod und Hölle nachfolgen.

95. These
Und so dürfen sie darauf vertrauen, eher durch viele Trübsale hindurch in den Himmel einzugehen als durch die Sicherheit eines Friedens.

Gnädiger Gott –
verzweifelt gesucht

*D*ie Welt ist im Umbruch um 1500.
Dass er selbst dazu beitragen wird,
ahnt der junge Student Martin Luther
nicht. Nach einer „blitzartigen"
Bekehrung wird er Mönch und später
Theologieprofessor. In Wittenberg
wächst seine grundlegende Erkenntnis:
Gott liebt den Menschen nicht wegen
guter Werke, allein der Glaube zählt.
Und die Bibel ist wichtiger als die
Lehre der Kirche.

*D*ie Erde ist um 1500 noch Mittelpunkt des Universums und wird umkreist von der Sonne. In deutschen Landen regieren weltliche und geistliche Fürsten. Ihnen gehört der Boden, den die Bauern beackern. Größere Eigenständigkeit haben nur die Städte. Religion ist vor allem sinnliches Erleben, dazu dienen beeindruckende Kirchenräume und geheimnisvolle Rituale. Der Gottesdienst erreicht die Gläubigen nicht mit Worten über den Verstand. Klöster und Höfe sind Hüter der Schrift, lesen können nur wenige. Teufel und Geister gehören zum Alltagsglauben.

Die Menschen im ausgehenden Mittelalter stehen in einer festen Ordnung. Aber Neues deutet sich an. In Prag attackiert Johannes Hus – gut hundert Jahre vor Luther – die Autorität der Kirche. In Mainz macht Johannes Gutenberg um 1450 mit einem neuen Verfahren den Buchdruck schneller und billiger. Aus Italien kommt der Humanismus über die Alpen; er bringt Eigenständigkeit und Würde des Menschen neu zur Geltung. Und auch jenseits von Europa tut sich eine neue Welt auf: Christoph Kolumbus entdeckt 1492 Amerika.

In Eisleben (Sachsen-Anhalt) ist Luther geboren, dort starb er auch. Der damalige Reichtum der Stadt kam aus dem Kupferbergbau.

Luthers Eltern in ihren letzten Lebensjahren. Hans Luder, der Aufsteiger, hat es mit Ehrgeiz, Fleiß und Geschick zum Hüttenmeister gebracht. Seine Frau Margarethe hat mehrere Kinder geboren. Die genaue Zahl von Martins Geschwistern ist nicht bekannt.

Schulzeit: *„Hölle und Fegefeuer"*

Am 10. November 1483 bringt Margarethe Luder, Frau des Bergmanns Hans Luder, einen Jungen zur Welt. Die Familie lebt in Eisleben, östlich vom Harz. Am 11. November wird der Sohn auf den Vornamen des Tagesheiligen Martin von Tours getauft. Den Nachnamen wird Martin erst Jahrzehnte später in Luther ändern, und zwar genau an jenem Tag, an dem er seine Thesen veröffentlicht: am 31. Oktober 1517.

Im Jahr nach Martins Geburt ziehen Luders ins benachbarte Mansfeld, wo der Vater eine Kupferhütte beaufsichtigt. Martin wächst mit jüngeren Geschwistern auf und besucht in Mansfeld die Lateinschule. Die Lehrer sind nicht weniger streng als die Eltern, die Rute sitzt locker, normale Erziehung damals. Seine Schulzeit bezeichnet Luther später als „Hölle und Fegefeuer".

Weil Martin intelligent und fleißig ist, darf er in Magdeburg und Eisenach auf höhere Schulen gehen. Mit 13 zieht er deshalb zu Hause aus. Zu seinem Lebensunterhalt muss er selbst beitragen: In Eisenach zieht er mit anderen Jungen singend von Haus zu Haus – die Kurrende. Die Schüler hoffen auf etwas zu essen oder andere Gaben.

Im Frühjahr 1501, mit 17 Jahren, schreibt sich Martin Luther an der Universität Erfurt ein. Er studiert an der Philosophischen Fakultät, legt nach knapp vier Jahren die Magisterprüfung ab und soll nun ein Jura-Studium anschließen. So wünscht es sein Vater und Finanzier, der wohl auch schon eine Braut für ihn

Blitzartige Erkenntnis: Auf einem Feld bei Stotternheim (heute ein Ortsteil von Erfurt) gerät Martin Luther 1505 in ein Gewitter. Er ruft die Heilige Anna an, die Patronin der Bergleute, und gelobt, Mönch zu werden.

ausgeguckt hat. Alles scheint geregelt, vorgezeichnet. Strenge Vorschriften gelten auch in der Burse, wo Martin mit anderen Studenten wohnt. Von lockerem Studentenleben wenig Spuren – aber Musik hat er gemacht und Laute gespielt.

Mit der ungeliebten Juristerei hat Martin gerade begonnen, da schlägt der Blitz in sein Leben ein. Ist es ein Fingerzeig von oben? Oder entladen sich an diesem Sommerabend eher die Zweifel eines jungen Mannes über seinen künftigen Lebensweg? Der Jurastudent kehrt gerade von seinen Eltern in Mansfeld nach Erfurt zurück – ein Fußmarsch von mehr als 80 Kilometern. Kurz vor dem Ziel, bei dem Dorf Stotternheim, gerät er in ein Gewitter. Es ist der 2. Juli 1505. Ein Blitz geht neben ihm nieder, reißt ihn zu Boden. Er ruft die Heilige Anna an, die Patronin der Bergleute, und gelobt: „Hilf du, heilige Anna, ich will ein Mönch werden."

Der Vater ist von dieser blitzartigen Bekehrung nicht begeistert. Der Sohn sagt ja selbst, sie sei gedrungen und gezwungen gewesen. Aber der Junior hält sein Gelübde. Er kann nun seinen eigenen Weg gehen. Jura adé: Zwei Wochen nach dem (Geistes-)Blitz tritt Martin Luther in das Kloster der Augustiner-Eremiten in Erfurt ein.

Bruder Martin macht Karriere

Ein Jahr ist er Novize, dann verpflichtet er sich auf Dauer. Die Ordenskarriere des hochgebildeten Mönchs beginnt. Schon nach wenigen Monaten, im Frühjahr 1507, wird er zum Priester geweiht. Dafür muss er vor allem wissen, wie die Messe gelesen wird, ein Theologiestudium ist nicht Voraussetzung. Das absolviert Bruder Martin aber im Anschluss. 1508 entsendet ihn der Orden für ein Jahr an die neue, eben gegründete Universität in Wittenberg. 1511 reist er in Ordensangelegenheiten nach

Die Augustiner-Eremiten

Der Orden der Augustiner-Eremiten entstand im 13. Jahrhundert aus Gemeinschaften, die als Einsiedler gelebt hatten. Der Konvent in Erfurt, dem Luther sich anschloss, gehörte zur strengeren Richtung innerhalb des Ordens. Ihr Ziel war es, die klösterliche Disziplin wieder zu stärken.

Rom, das damals nur gut doppelt so groß ist wie Erfurt mit seinen 20.000 Einwohnern. Der deutsche Mönch empört sich über römische Priester, die mit der Messe Späße treiben und sie so schnell herunterleiern, dass sie schon fertig sind, als der gewissenhafte Luther gerade anfängt. Kein Wunder – das Lesen von Messen ist die Haupteinnahmequelle vieler Priester.

1511 zieht er endgültig nach Wittenberg ins Schwarze Kloster, benannt nach den schwarzen Kutten der Augustiner. 1512 wird er Doktor der Theologie und übernimmt einen Lehrstuhl für Bibelauslegung. 1515 setzt ihn der Orden als Distriktsvikar, eine Art Controller, für acht Klöster ein.

Aber war ihm der Aufstieg überhaupt wichtig? Schließlich ist Luther für sein Seelenheil, nicht für seine Karriere Mönch geworden: „Im Kloster gedacht ich nicht an Weib, Geld oder Gut, sondern das Herz zitterte und zappelte, wie Gott mir gnädig wurde." Er grübelt, ringt und zwei-

Luthers Geburtshaus in Eisleben, nach einem Brand Ende des 17. Jahrhunderts neu errichtet. Um das Relief zieht sich ein Schriftband: „Gottes Wort ist Luthers Lehr, darum vergeht sie nimmer mehr."

felt, wie er dem Anspruch eines strengen Gottes genügen kann. Wie kann er mit seinen Feh-
lern vor Gott bestehen? Was muss er tun, um
Erlösung zu finden?

Peinlich genau befolgt er die Ordensregeln.
Übereifrig kramt er Verfehlungen für die Beichte zusammen – bis sogar sein Beichtvater und
väterlicher Freund Johann von Staupitz entnervt
ist. Martin solle ihn nicht mehr mit „Humpel-
werk und Puppensünden" behelligen. Die Ab-
solution hält auch nicht lange vor: Als Priester
beichtet Luther vor jeder Messe, aber manch-

mal fühlt er schon während der heiligen Hand-
lung neue Sünden aufwallen, die nach der
Beichte verlangen. Und als brauchte es noch
einen Beweis, wie heftig die inneren Kämpfe
sind, taucht Gottes Gegenspieler selber auf:
Mehrfach berichtet Luther, dass ihm der Teufel
erschienen sei.

Der gefürchtete Gott wird gnädig

In Wittenberg formt sich eine Erkenntnis, die
man später sein Turmerlebnis nennt. In seinem
Studierzimmer, in einem Turm des Klosters,
vertieft er sich immer wieder in die Bibel. Dabei

stößt er auf einen Satz im Brief des Paulus an
die Römer (1, 17): Gerechtigkeit kommt allein
durch den Glauben. Der Mensch muss vor Gott
also keine Bedingungen erfüllen. Er ist geliebt,
wie er ist – wenn er nur an Gott glaubt. Mit dieser genialen Wendung im Denken wird aus
dem gefürchteten Gott ein gütiger. Gnade muss
nicht durch gute Werke im Tauschgeschäft erworben werden, sie ist schon da. Damit erledigt
sich auch der ausufernde Ablasshandel.

Für Luther muss das eine Befreiung gewesen
sein. Eine Erlösung. Er fühlt sich wie neu geboren. Er sei, schreibt er, „durch die geöffneten
Pforten in das Paradies selbst eingetreten".

Aber wann war das? Datieren lässt sich das
„Turmerlebnis" nicht. Und war es überhaupt ein
Ereignis, das auf einen bestimmten Tag, eine
bestimmte Stunde fällt? Sicher ist: Luther hat
sich über Jahre mit der Suche nach einem gnä-
digen Gott auseinandergesetzt. Das ist schon
vor 1517 in seine Vorlesungen an der Universi-

Allein der Glaube

Luther hat seine reformatorische Erkenntnis
von der Rechtfertigung in vier Begriffen
zusammengefasst:

Sola fide • Allein durch den Glauben
Vor Gott zählt der Glaube, nicht gute Werke.

Sola scriptura • Allein die Schrift
Den Weg zu Gott weist die Heilige Schrift, nicht
die Lehre der Kirche.

Sola gratia • Allein durch die Gnade
Gottes Gnade ist ein Geschenk. Sie muss
nicht durch gute Werke erworben werden.

Solus Christus • Allein Christus
Christus ist das Heil der Menschen.
Durch ihn entsteht die Beziehung zu Gott.

tät eingeflossen. Greifbar und öffentlich wird
Luthers Denken durch seine Ablass-Thesen und
seinen „Sermon von Ablass und Gnade", einen
Bestseller von 1518. Aber erst 1520 bringt er
seine wichtigsten Schriften zur Reformation
heraus.

Wortkunst auf der Wartburg

*N*ach der Thesen-Veröffentlichung vergehen drei Jahre, bis die römische Kirche Luther ausschließt. Vor dem Kaiser und den deutschen Fürsten weigert er sich, seine Schriften zu widerrufen. Eine Zeit lang muss er deshalb untertauchen: Er nutzt die Zeit auf der Wartburg, um das Neue Testament ins Deutsche zu übersetzen.

*K*rise? Welche Krise? In Rom sieht man keine Gefahr. „Mönchsgezänk" heißt es über die 95 Thesen. Ein unbedeutender Augustiner-Mönch wettert gegen einen kleinen Ablass-Prediger – was stört es die Kurie? Papst Leo X. belässt es bei einer Ermahnung an den Ordens-general der Augustiner, er möge den Eifer sei-nes Wittenberger Mitarbeiters dämpfen.

Luther hat inzwischen als gedrucktes Buch den „Sermon von Ablass und Gnade" nachgelegt. Im August 1518 ergeht dann doch eine Vorla-dung nach Rom, wegen des Verdachts der Ket-zerei. Luther will aber nicht nach Rom. Er fürch-tet, dass man ihm dort den Prozess macht. Sein Landesherr greift ein: Kurfürst Friedrich der Weise erreicht, dass ein päpstlicher Gesandter nach Augsburg kommt und Luther dort verhört.

Ein Entgegenkommen, hinter dem große Politik steht: Papst Leo X. will es sich mit dem sächsi-schen Kurfürsten nicht verderben. Denn der wird demnächst den deutschen König mitwählen.

Das Verhör in Augsburg findet im Oktober 1518 statt, da sind die Ablass-Thesen schon ein Jahr in der Welt. Der Papst hat Kardinal Cajetan ent-sandt, der damit rechnet, Luthers Widerruf ent-gegenzunehmen. Dann hätte man die Sache zu den Akten legen können. Doch der Theolo-gieprofessor aus Wittenberg nötigt dem Kardi-nal eine Diskussion auf und bestreitet die höchste Autorität des Papstes. Richtschnur sei vielmehr das Evangelium, daran müssten sich auch päpstliche Anordnungen messen lassen. Cajetan ist entsetzt.

Im Sommer des folgenden Jahres haut Luther in die gleiche Kerbe: Bei einer mehrtägigen Dispu-tation mit dem Ingolstädter Theologieprofessor Johannes Eck erklärt er, Papst und Konzilien (Versammlungen der Bischöfe) könnten irren.

Nun reicht es. Aber weil die Kommunikation ihre Zeit braucht – Nachrichten waren damals nur so schnell wie galoppierende Pferde –, ver-gehen Monate. Anfang 1520 beschließt Rom,

den Ketzerprozess gegen Luther fortzuführen. Im Sommer droht der Papst mit dem Kirchenbann: Wenn Luther nicht widerrufe, werde er zum Ketzer erklärt, seine Lehre dürfe nicht mehr vertreten, seine Schriften müssten verbrannt werden.

Der Bruch mit Rom

Im Herbst 1520 hält Luther die Bulle, die päpstliche Urkunde, mit der Bannandrohung in Händen. Er lässt die Frist zum Widerruf verstreichen und provoziert Rom: Am 10. Dezember 1520 morgens wirft er die Bulle vor dem Wittenberger Elstertor ins Feuer, zusammen mit

Büchern zum Kirchenrecht und Werken seiner Gegner. Der Bruch mit der katholischen Kirche ist endgültig. Vier Wochen später verhängt der Papst den Bann.

Die wichtigsten Schriften Luthers zur Reformation sind inzwischen erschienen. Er hat, getrieben von der Auseinandersetzung mit Rom, das Jahr 1520 genutzt, um drei Hauptwerke zu verfassen:

- *An den christlichen Adel deutscher Nation von des christlichen Standes Besserung* ist eine Kampfschrift gegen die Kurie, in der Luther das Priestertum aller Gläubigen entfaltet.
- *Von der babylonischen Gefangenschaft der Kirche* ist eine Auseinandersetzung mit den Sakramenten der römischen Kirche. Von bisher sieben erkennt Luther nur noch zwei an, Taufe und Abendmahl.
- *Von der Freiheit eines Christenmenschen* enthält Luthers Frömmigkeitsideal: Nur der Glaube führt zu wahrer Freiheit und Nächstenliebe.

Luther verbrennt die päpstliche Bulle mit der Bannandrohung (Holzschnitt).

Dem Volk aufs Maul geschaut

„Man muss nicht die Buchstaben in der lateinischen Sprache fragen,
wie man soll deutsch reden, sondern man muss die Mutter im Hause,
die Kinder auf der Gasse, den gemeinen Mann auf dem Markt drum
fragen und den selbigen aufs Maul sehen, wie sie reden, und danach
dolmetschen, so verstehen sie es denn und merken, dass man
deutsch mit ihnen redet."

Martin Luther, Sendbrief vom Dolmetschen (1530)

Auf den Kirchenbann gegen Luther müssen die weltlichen Herrscher reagieren – mit der Reichsacht. Doch vorher soll der Theologieprofessor angehört werden. Er hat inzwischen so viele Anhänger, dass der päpstliche Nuntius dramatische Worte wählt: „Ganz Deutschland ist in hellem Aufruhr. Neun Zehntel erheben das Feldgeschrei ,Luther', und für das übrige Zehntel lautet die Losung wenigstens ,Tod dem römischen Hof!'"

Getarnt als Junker Jörg

Luthers Reise zum Reichstag nach Worms im April 1521 wird zum Triumphzug, die Menschen jubeln ihm zu. Vor Kaiser Karl V. und den Reichsständen verteidigt sich Luther zwei Tage lang. Nein, er werde nicht widerrufen. Es sei denn, er werde durch die Heilige Schrift widerlegt. Und dann sagt er:

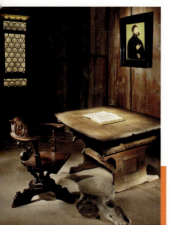

Die „Lutherstube"
auf der Wartburg.

„Gott helfe mir. Amen." Die überlieferten Worte „Hier stehe ich, ich kann nicht anders" verdeutlichen zwar Luthers Beharrlichkeit, Mut und Unerschrockenheit. Aber gefallen sind sie in Worms wohl nicht.

Die Reichsacht wird verhängt, aber Luther darf noch mit freiem Geleit abziehen. Als er auf der Rückfahrt nachts kursächsisches Gebiet erreicht, halten Bewaffnete die Kutsche an. Ein Zugriff seiner Gegner? Nein, der Überfall ist inszeniert, Luther ist eingeweiht. Der sächsische Kurfürst Friedrich der Weise lässt seinen bekanntesten Untertanen auf die Wartburg bringen, ein mächtiger Wehrbau, der sich über Eisenach erhebt. Dort kleidet sich Luther in vornehme Gewänder, trägt ein Schwert und lässt sich einen Bart stehen, volles Haupthaar statt Tonsur. Er nennt sich Junker Jörg. Für die Öffentlichkeit ist Luther verschwunden, mancher hält ihn sogar für tot. Zehn Monate bleibt er in seinem einsamen Versteck.

Luthers Gesamt-
übersetzung der Bibel
erscheint erstmals
1534.

Die deutsche Sprache geprägt

Er arbeitet wie ein Besessener, und im Dezember 1521 beginnt er mit seinem größten Werk: der Übersetzung des Neuen Testaments aus der griechischen Urfassung; später in Wittenberg wird, aus dem Hebräischen, das Alte Testament folgen. Bis zu Luther gab es nur unvollkommene Übertragungen ins Deutsche, die auf dem Umweg über das Lateinische entstanden waren.

Luther übersetzt lebensnah und bildhaft, mal wörtlich, mal sinngemäß. Er schaut „dem Volk aufs Maul", wie er sagt, und prägt mit seiner Bibel die deutsche Sprache. Viele Worte und Wendungen werden Allgemeingut: Luther wirft auf dem Papier Perlen vor die Säue, erkennt die Zeichen der Zeit, tappt im Dunkeln, entdeckt den Stein des Anstoßes und ist ein Herz und eine Seele – alles Wortschöpfungen aus der Luther-Bibel.

Zehn Wochen braucht Luther auf der Wartburg für die Übersetzung des Neuen Testaments, ein Parforceritt, ein Meisterwerk. Er sieht – vielleicht ist es die Anstrengung – den Teufel in seiner Studierstube. Ein Tintenfass, wie es die Legende will, wirft er nicht nach ihm. Aber mit der Tinte, die aus seiner Schreibfeder aufs Papier fließt, bekämpft er den Teufel sehr wohl.

Der Wort-Arbeiter

Luther hat seine Übersetzung immer wieder revidiert – bis die beste Fassung gefunden war. Psalm 90, 12 ist ein gutes Beispiel.

Handschriftliche Fassung 1524
Dass wir unser Tage zählen,
so tu uns kund;
so wollen wir kommen
mit weisem Herzen.

Erste Druckfassung 1524
Lass uns wissen
die Zahl unserer Tage,
dass wir eingehen
mit weisem Herzen.

Revidierte Fassung ab 1531
Lehre uns bedenken,
dass wir sterben müssen,
auf dass wir klug werden.

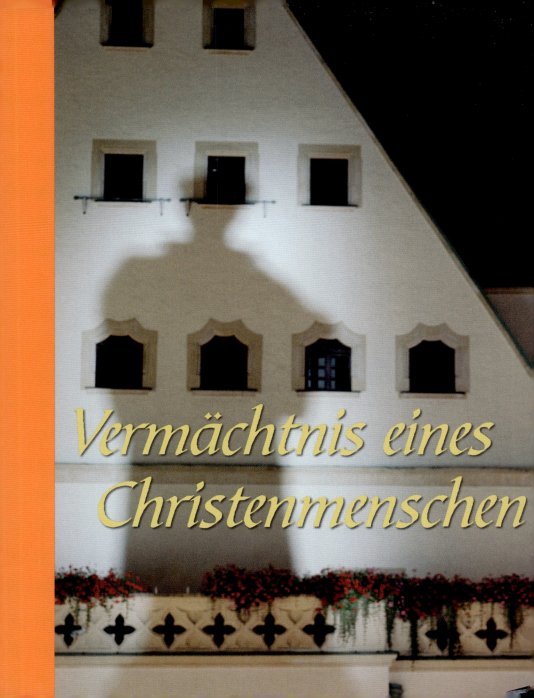

Vermächtnis eines Christenmenschen

*D*ie Reformation wird politisch – das zeigt der Bauernkrieg ebenso wie die Auseinandersetzung zwischen evangelischen und altgläubigen Landesherren. Luther formt eine neue Kirche, und mit seiner Frau Katharina von Bora gibt er ein Beispiel für das Leben in Ehe und Familie. 1546 stirbt Luther, 62-jährig. Seine letzte Notiz schließt demütig und bescheiden: „Wir sind Bettler, das ist wahr".

Der Liederdichter

Mit der Reformation entsteht das evangelische Kirchenlied. Luther schreibt um, übersetzt, dichtet neu, komponiert. Sein Lied „Ein feste Burg ist unser Gott" wird später zur Hymne der Reformation. Wer an die Erlösung durch Christus glaubt, so Luther, „der kanns nicht lassen, er muss fröhlich und mit Lust davon singen und sagen, dass es andere auch hören und herzukommen".

Luther kehrt im März 1522 nach Wittenberg zurück, wo er noch 24 Jahre leben und lehren wird. Zuerst glättet er die Wogen nach dem Bildersturm, den sein Vertreter Andreas Karlstadt angefacht hat. Im September erscheint das Neue Testament in Luthers Übersetzung. Schon im Dezember muss es nachgedruckt werden.

Eine neue Gottesdienstordnung sieht die Feier des Abendmahls „in beiderlei Gestalt" vor: Künftig sollen auch Laien aus dem Kelch trinken dürfen, der bisher dem Priester vorbehalten war. Private Messen soll es nicht mehr geben. Sprache für die Liturgie bleibt zunächst Latein, bis zusätzlich, dann ausschließlich die Deutsche Messe eingeführt wird. Gepredigt wird aber nach wie vor auf Deutsch.

Neu ist auch der gemeinsame Gesang in der Kirche. Er gilt als Verkündigung – wie die Predigt. Luther schreibt Texte und Melodien, die Allgemeingut werden, etwa „Ein feste Burg ist unser Gott" oder „Vom Himmel hoch". Die ersten evangelischen Gesangbücher erscheinen 1524.

Der Krieg der Bauern

Unterdessen entdecken andere die Reformation für ihre Zwecke. Landesherren dehnen im Namen der neuen Bewegung ihre Macht aus, sie übernehmen die Aufsicht über die Kirche und ihr Vermögen. Mit Luthers Ideen verbünden sich auch die Bauern. Sie fordern die Aufhebung der Leibeigenschaft – plötzlich ist die „Freiheit eines Christenmenschen" nicht mehr nur eine religiöse, sondern eine politische Sache. Und die Bauern wollen sie mit Gewalt durchfechten. Luther hat anfangs Verständnis, aber dann wendet er sich gegen die Aufständischen. Er appelliert an die Obrigkeit, für Ruhe und Ordnung zu sorgen. Die Fürstentruppen schlagen 1525 die Bauernhaufen, der charismatische Führer und frühere Luther-Anhänger Thomas Müntzer wird gefangengenommen und hingerichtet.

Luthers langer Schatten, hier von einem Denkmal in seiner Geburtsstadt Eisleben. Der Reformator hat die Welt verändert – bis heute. 500 Jahre Reformation werden 2017 gefeiert.

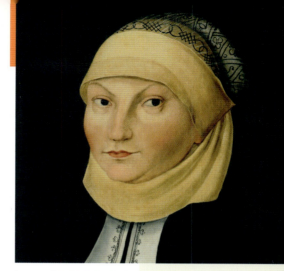

Katharina, die „Lutherin"

Noch während die Bauern kämpfen, entschließt sich Luther zur Heirat. Ist es Liebe? Oder will er vor allem ein Zeichen setzen? Als Mönch hat er einst Ehelosigkeit gelobt, inzwischen befürwortet er die Priesterehe. Seine Frau Katharina von Bora ist eine ehemalige Zisterzienser-Nonne – noch ein Affront. Mit anderen Ordensfrauen floh sie aus dem Kloster Nimbschen bei Grimma; der Legende nach versteckt in den Heringsfässern eines Lieferanten. Luther lernt sie 1523 in Wittenberg kennen. Doch bis zur Hochzeit vergehen noch zwei Jahre.

Im Schwarzen Kloster in Wittenberg entsteht ein Modell für Ehe und Familie: Martin predigt und lehrt und schreibt, Katharina organisiert und hält das Geld zusammen. Der Professor bekommt inzwischen Gehalt von der Universität, aber Bares ist stets knapp. Für das Familienunternehmen Luther legt Katharina Gärten an, hält Vieh und braut Bier. Studenten und andere Gäste sitzen immer mit am Tisch. Einige schreiben auf, was sie von Luther zu hören bekommen – die „Tischreden", die später veröffentlicht werden.

Für den Hausherrn ist klar, wer daheim das Sagen hat: seine Frau, die er mit „Herr Käthe" anredet. Ein Jahr nach der Hochzeit bringt die „Lutherin" das erste Kind zur Welt, Johannes. Fünf Geschwister werden folgen, von denen zwei Mädchen jung sterben.

Lehrbuch des Glaubens

Die wichtigsten Lehren fasst Luther 1529 zusammen: im Großen Katechismus für „Pfarrhern und Prediger", im Kleinen Katechismus für die „Hausväter" und alle Gläubigen in den Gemeinden. Der Kleine Katechismus erläutert die Zehn Gebote, das Glaubensbekenntnis, das Vaterunser sowie Taufe und Abendmahl.

„Geburtsstunde" des Protestantismus: Die evangelischen Fürsten legen beim Reichstag in Speyer 1529 Protest ein (Historienbild von Theodor Veil, 1824/25).

Glaube und Macht

Die Auseinandersetzung zwischen katholischen und evangelischen Landesherren erstreckt sich über drei Jahrzehnte. Wichtige Daten:

1526

Der Reichstag beschließt, den Landesherren in Religionsfragen keine Vorschriften zu machen – zumindest bis zu einem Konzil.

1529

Die Reformation soll nicht weitergehen, fordert die katholische Mehrheit beim Reichstag in Speyer. Dagegen protestieren evangelische Fürsten und Reichsstädte.

1530

In Augsburg trägt die lutherische Seite ihr Bekenntnis vor, die Confessio Augustana. Luther, nach wie vor geächtet, verfolgt das Geschehen von der Veste Coburg aus.

1531

Die evangelischen Reichsstände wappnen sich gegen einen katholischen Angriff: Sie gründen den Schmalkaldischen Bund.

1546/47

Im Schmalkaldischen Krieg unterliegen die Protestanten gegen Kaiser Karl V.

1555

Augsburger Religionsfriede: Die Anhänger des Augsburger Bekenntnisses dürfen bei ihrer Konfession bleiben.

Unterdessen weitet sich die Reformation aus. Die weltlichen Herrscher haben das Regiment übernommen, sie treten an die Spitze der neuen evangelischen Landeskirchen. Der Streit im Reich zwischen evangelischem und katholischem Lager geht in den folgenden Jahren hin und her. Beim Reichstag in Speyer 1529 legen

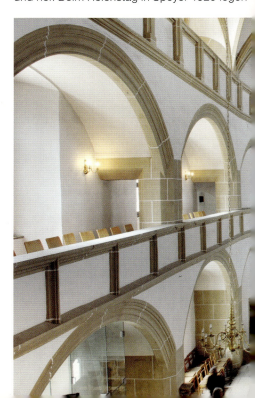

die Evangelischen „Protest" gegen einen Mehrheitsbeschluss ein – die Bezeichnung „Protestanten" ist geboren. Erst Jahrzehnte später, 1555, kommt ein wegweisender Vertrag zustande: der Augsburger Religionsfriede. Er erlaubt jedem Landesherrn, die Konfession in seinem Territorium zu bestimmen.

Persönlichkeiten um Luther

Der Politiker

Friedrich der Weise war sächsischer Kurfürst von 1486 bis zu seinem Tod 1525. Der vielseitig gebildete Herrscher gründete 1502 die Universität Wittenberg, an der Luther lehrte. Er hielt die schützende Hand über seinen berühmtesten Untertanen, blieb nach außen aber neutral. Erst durch Friedrichs Politik konnte sich die Reformation entfalten.

Der Lehrer

Philipp Melanchthon (1497 – 1560) schloss sich der Reformation früh an und wurde Luthers engster Mitarbeiter. Er war stets auf Ausgleich bedacht. Das Augsburger Bekenntnis von 1530 geht wesentlich auf Melanchthon zurück. Wegen seiner Verdienste um das Bildungswesen erhielt er später den Beinamen „Praeceptor Germaniae", Lehrer Deutschlands.

Der Maler

Lucas Cranach d. Ä. (1472 – 1553) kam 1505 als Hofmaler nach Wittenberg und unterhielt dort eine große Werkstatt. Außerdem war er Druckerei- und Apothekenbesitzer, Verleger, Buchhändler und Ratsherr. Mit Luther war Cranach befreundet, er schuf zahlreiche Porträts von ihm, seiner Familie und seinen Mitarbeitern, außerdem Holzschnitte zur Bibel und zu Schriften der Reformation.

Der erste evangelische Kirchenbau

1544 weiht Luther die Schlosskapelle in Torgau ein. Sie ist der erste protestantische Kirchenbau: hell und schlicht, ausgerichtet auf Altar und Kanzel. In seiner Predigt sagt Luther, nichts Anderes solle in diesem Haus geschehen, „als dass unser lieber Herr selbst mit uns rede durch sein heiliges Wort und wir wiederum mit ihm reden durch Gebet und Lobgesang".

Die Gesichtsmaske und der Abguss der Hände, die in den Stunden nach Luthers Tod angefertigt wurden.

Luther erlebt das nicht mehr. Der streitbare Erneuerer ist gegen kirchliche Instanzen angerannt und hat die päpstliche Autorität gestürzt. Doch in seinen letzten Jahren ist er selbst zur Instanz geworden, zum Bewahrer und strengen Kirchenvater. Er sieht die Endzeit nahe und hofft auf das Jüngste Gericht für eine sündige Welt. Wahrscheinlich verstehen auch seine Freunde nicht mehr alles, was er unerbittlich, hart, polemisch zu Papier bringt – gegen Juden, Türken und „Papisten".

Seine letzte schriftliche Mitteilung hinterlässt er auf einem Zettel: „Die heiligen Schriften meine niemand genug geschmeckt zu haben, wenn er nicht hundert Jahre mit den Propheten die Gemeinden geleitet hat. Wir sind Bettler. Das ist wahr."

Von Alter und Krankheit geschwächt, stirbt Luther am 18. Februar 1546 in Eisleben, seiner Geburtsstadt. Der 62-Jährige war dorthin gereist, um einen Erbstreit zwischen den Mansfelder Grafen zu schlichten. Beigesetzt wird der Reformator vor der Kanzel in der Schlosskirche zu Wittenberg.

Auf ihrem Nordportal, der „Thesentür", sind in Bronze die 95 Thesen zu lesen – Ausgangspunkt und Vermächtnis der Reformation.

Luthers Grab in der Schlosskirche zu Wittenberg.